재택근무자를 위한 안내서

재택근무자를
위한
안내서

이과장 글·그림

동연

나, 이과장은…

재택근무 3년 차 INTJ 백오피스 회사원

학창 시절 육상을 하며 서울소년체육대회에 출전했다. 앞서 달리는 소녀의 등을 보며, "세상에는 결코 안 되는 일들이 있다"는 당연한 이치를 깨달은 후, 자라서는 분노와 체념의 직장인이자, 왠지 늘 미안한 엄마가 되어버렸다.

어떤 힘든 시간도 함께 하면 낫다는 마음으로, 재택근무를 하면서 겪었던 에피소드, 소소한 팁들과 회사 생활의 해학을 나누고자 책을 펴냈다.

늘 지금보다
조금 더 나아지길 바라는 당신에게

나는 본디 이 책을 두고 "코로나로 지친 당신을 위한, 이 시대 유일무이한 재택근무 안내서!"라 떵떵대려 하였으나, 생업에 종사하느라 출판에 잠시 격조했던 차 거리두기가 해제되어, 출판을 앞둔 지금 약간 뻘쭘한 기분이다. 그래도 아직까지 재택근무를 영위하고 있을 누군가에게 잠시나마 웃음을 줄 수 있기를 바라며, 용기내 뒷북을 때려본다.

조금 더 변을 하자면, 이 책은 임금을 대가로 노동력을 제공하고 있는 자라면 누구나 공감(함께 분노)할 내용이라 자신한다.

일은 좋은데 사람이 싫은가?

사람이 싫은데, 알아줄 사람도 없는가?

아니면 본인이 빌런이라 사람들이 피해서 외로운가?

가슴에 울화가 차올라 한숨을 토한 후에도, 혹시 내 한숨이 주변에 누가 되었을까 곁눈질해본 적 있다면,

분노가 치미는 급박한 상황에서도 "지금 내가 화가 나도 되나?"를 자문하고야 마는 당신이라면,

당장 이 책을 들고 카운터로 향해도 좋을 것이다.

순서

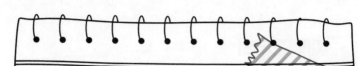

재택근무의
기쁨과 슬픔

어느덧 재택근무 삼 년차. 직원들끼리 우스갯소리로 이야기한다. 이제는 출근을 할 수 없는 몸이 되어 버렸다고….

　출·퇴근 시간, 비용 절감 등 각자 생각하는 재택근무의 장점은 다 다르겠지만, 나같은 내향형 INTJ 인간에게 재택근무란 그저 "집 밖에 안 나가도 된다 "는 것 자체만으로 더 이상의 설명이 필요 없는 최적의 근무 형태라 할 수 있겠다.

삑삑삑

웅성웅성

　지하철, 거리, 사무실 등지에서 '불특정 다수에게 보여지
는' 일에는 생각보다 에너지가 많이 든다. 일단 씻어야 하고,
선크림 도포와 적정 수준의 메이크업을 포함한 후속 절차를
밟아야 할 뿐더러, 불편한 외출복을 입은 채, 무엇보다 항상 곧
게 서거나 앉아 있어야 하므로.

편한 옷을 입고 출근하면 좀 나을까? 결론적으로 출근 복장은 편해봤자다.

아무리 편하다 한들, 착용기간에 따라 내 몸에 커스터마이징되어 목과 무릎이 딱 적정 수준으로 늘어난 홈웨어만 할 수 없다.

그리고 일단 옷에는 콘셉트라는 게 있다. "우리 회사는 보수적인 분위기라 너무 편해 보이는 청바지는 안 된다"든가 (사실 착용 시 청바지보다 불편한 바지 별로 없다), 원피스 입은 날에는 "오늘 꾸민 것 같다"든지 (원피스는 상하의 맞추기도 귀찮거나 하반신 통풍을 위한 옷임을 여자라면 대부분 공감할 것), 모두 해당 옷이 가진 콘셉트에서 비롯된 말들이다.

　이렇듯 옷에는 카테고리와 소재, 색상에 따라 생각보다 촘촘한 선입견 내지 묵시적인 사회적 합의가 있어, 매일 아침마다 출근에 적합한 착장을 모색하다 보면, 왠지 대문을 나서기도 전에 기운이 빠지고 마는 것이다.

한편 집에서라면 어떨까. 오직 내 기분에 따라 무릎 늘어남에 개의치 않고 캐시미어 조거팬츠를 질러봐도 되고, 인터넷에서 만 원에 두 장 사들인 트레이닝복을 입어도 좋을 것이며, 뭐 딱히 뭔가를 입지 않아도 그만이다.

전신실종룩

하의실종룩

이런 일련의 절차를 생략함으로써 보존하는 에너지는 종국에 업무 효율을 높인다. 출근과 재택의 하이브리드 근무 형태라면, 미팅은 가급적 출근일에, 머리를 좀 굴려야 할 어렵고 복잡한 업무는 재택일에 배분하여 처리하면 어떨까?

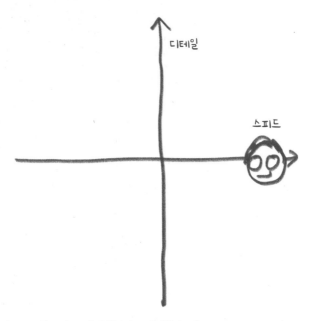

그렇다면 재택근무에는 장점뿐인가?

　각자 일하는 스타일에 따라 다를 것이다. 직장인이라면 웬만한 빌런이 아니고서야 무릇 '일잘러'를 목표로 하게 되는데, 일잘러의 두가지 구성 요건은 스피드와 완성도(즉 디테일)라 하겠다. 나는 INTJ 치고는 디테일 챙기는 것을 귀찮아 하는 관계로, 대신 피드백이라도 빨리 주려는 편인데,

가슴속에 '일을 빨리 완수하려는' 욕구가 있는 자라면, 재택근무 도중 식사나 휴식시간을 스스로 챙기기 어려울 수 있다.

사무실에서는 점심시간이면 철새처럼 이동하는 사람들을 따라 나가게 되지만, 집에서는 다르다. 몇 글자만 더 쓰면 될 것 같고, 그렇게 몇 글자 더 쓴 뒤 밥을 먹어보려 하면, 이미 점심시간이 지나 메신저에는 이런 저런 사유로 불이 들어와 있다.

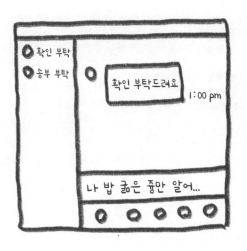

화상 회의 복장

재택근무 기간에도 회의는 계속된다. 화상 회의에 참석할 때는 아래를 참고하면 좋겠다.

● 배경화면 변경 : 직원들 대상으로 온라인 집들이할 것이 아니라면 배경화면을 바꾸도록 하자. 회사 사무실 이미지를 저장해두고 활용하면 좋다.

● 윗도리는 짙은색으로 : 화상 회의에서는 옷의 디테일을 확인하기 어렵지만, 색상은 눈에 띈다. 맨투맨을 입더라도 일단 검정으로 입어주면 무난하다. 회의 도중 일어설 것이 아니라면, 하의는 신경꺼도 된다. 대신 정말 일어서면 안 된다.

볼 사람이 없다는 이유로 집에서 헌 옷만 입고 있기는 섭섭하다. 소재가 좋은 옷을 입을 때면, 일 없이 대접받는 기분이 든다. 한편 집 밖에서 차마 못 입을 복장을 해보는 건 어떨까? 내 경우, 한동안 영문 비속어가 프린팅된 티셔츠를 입고 살았는데, 집 안에서 시어머니와 마주할 때를 제외하고는, 왠지 스스로 위트 있는 사람이 된 것 같아 흐뭇했다.

[응용]
점심시간 사수하기

평소 점심을 잘 못 챙겨 먹는다는 어느 직원은, '점심시간 됐다고 하던 일을 접게 되면 마치 똥누다 끊은 느낌'이 든다고 한다.

당신도 굳이 그와 같다면… 점심시간에 가급적 고정스케줄을 넣어보자. 집 가까이의 직장인 대상 요가나 필라테스 프로그램도 좋겠다. 보통 12시 50분 정도에는 끝내주기 때문에, 점심식사만 간단히 때울 수 있다면(단백질셰이크 추천), 오후근무에도 별다른 영향이 없다.

나는 점심만큼은 좀 제대로 먹어줘야 하는 타입이라면? 그냥 점심만 잘 먹자. 헤르미온느처럼 타임 터너를 가진 게 아닌 한, 점심시간에 밥도 먹고 요가도 하는 건 아무래도 무리다.

l오시까지 일했으면 놀 만큼 논 것이니 편하게 밥을 먹자

재택근무 프로토콜
(1) 회사와의 분리

프로토콜이라 다소 거창하게 명명하였지만, 재택근무의 알파와 오메가는 '나를 지키는 것'에 있다. 근무시간과 비근무시간의 분리가 필요한 것이다.

재택근무를 시행하는 회사는 근로자의 업무 해태를 우려하겠지만, 정작 근로자야말로 (역시 웬만한 빌런이 아니고서야) 개인시간을 업무에 침해받을 가능성이 있다. 퇴근이 따로 없기 때문이며, 특히 본인이 평소 일을 좀 열심히 하는 축이다 싶다면, 한 층 더 조심해야 한다. 피치 못할 사정으로 인해 시간 외 근무를 해야 할 경우, 메신저라도 오프라인 표시해두자.

나 역시 입사 직후에는 퇴근 후에도 멋모르고 메신저를 그대로 켜두곤 했다. 마음 속 깊숙이는, "여기 사람이 있다"며 일하는 티나 좀 내보려던 심산 아니었나 싶다.

그러나 이윽고. 마치 불을 보고 달려드는 불나방마냥, 늦은 밤 내 메신저 초록불을 발견하고는 자제력을 잃은 채 내게 업무 질의를 던지고 만 한 빌런을 경험하고 난 후, 비로소 나는 오후 6시 정각이면 칼같이 메신저를 꺼버리게 되었다.

미움받을 용기

현업에서 빨리 달라고 쪼일 때가 있다. 급하거나 중요한 일은 당연히 빨리 처리해야 하지만 문제는, 특정 몇몇이 매번 빨리 달라고 습관적으로 쪼는 경우다. 메일 체인 아래를 보면 본인이 한 주에서 열흘 뭉개다 막판에 협조 요청하며 기한을 쪼는 경우도 없지 않다.

이때 당신에게 필요한 것은 다름 아닌 '미움받을 용기'. 독촉한다는 이유만으로 매번 휘둘리면 처리 순서가 꼬이고, 나중엔 모두에게 쪼이는, 이른바 '호구'가 된다.

거절이 힘든 성격이라도, 재택근무 시에는 어쨌든 대면할 필요는 없으니, 전화나 메신저로 적당히 우는 소리 하자. 이미 아웃룩에는 당신을 기다리던 업무가 있지 않은가? 손님도 먼저 온 손님부터 응대하는 것이 기본이다. 정당한 사유 없이 이를 납득하지 않는 상대라면, 그에게는 그냥 미움을 사도록 하자. 번아웃 후 나 스스로에게 미움받는 것보다는 낫다.

아아 내가 호구라니…

자기만의 방

일찍이 버지니아 울프는 말했다.

여성이 글을 쓰기 위해서는 돈과 자기만의 방이 필요하다고.

회사원이 재택하기 위하여는 노트북과 자기만의 방이 필요하다. 재택 초기에는 어느정도 독립된 공간이면 업무에 족할 것이라 생각했는데, 장장 한 달간의 윗집 인테리어 공사를 몸소 겪고 보니, 직장인의 방이란 그저 벽과 문짝만 달려있다고 그만인 게 아니었다.

온라인 미팅에도 경중이 있다. 비교적 간단한 미팅에서야 배경 소음이 그저 재택근무로 인한 에피소드로 양해될 수 있겠지만, 부서 간 업무 분장을 따지거나 지원 부서에서 '노'를 해야 하는 등의 첨예한 상황에서는 이 모든 게 짜증스러워지는 것이다.

하지만 "가까운 이웃이 먼 친척보다 낫다"는 한민족 정서

상, 미팅콜 올 때마다 윗집에 올라가 인테리어 공사를 저지하는 방안도 탐탁치는 않다.

갑작스러운 회의에 맞춰 윗집 드릴이 시작될 때면, 나는 대개 우사인 볼트라도 된 양 휴대폰을 들고 밖으로 뛰쳐나간다. 우리 집 근처에는 유난히 나무가 우거졌는데, 회의 참석자들이 어디서 이렇게 새소리가 들리냐며 감탄한 적도 있다.

혹여 고층이나 대로변에 살아서 야외 미팅이 여의치 않다면? 인근의 1인 스터디실을 추천해본다.

미니멀리즘에
대하여

들판에 살지 않는 이상, 누구나 한정된 거주 공간을 갖는다. 평수, 구조, 식구수 등에 영향을 받겠지만, 주어진 조건 속에서 업무에 최적합한 환경을 조성하는 것이 모든 재택근무자의 숙제다.

참 넓다…

화상회의에 대비하여 집을 좀 치워볼까 하면, 평소 출·퇴근 시에는 몰랐던 것들, 가령 집안에 널부러진 물건들이 눈에 띈다.

재택근무를 하면서 내 집에 물건이 이렇게 많은 줄 몰랐다든가, 이제부터는 미니멀리스트로 거듭나겠다는 직원들 이야기를 심심치 않게 듣는다.

나로 말할 것 같으면… 곤도 마리에가 세상에 모습을 드러내기도 전부터, 이미 나는 설레지 않으면 버리고 있었다.

내가 겪은 미니멀리즘이란, 라이프스타일의 한 선택지라기보다는, 당장 필요하지 않는 물건이 주변에 있는 것을 견디지 못하는 심리상태에 더 가까웠는데, 따라서 이는 뭔가를 항상 거추장스러워 하고 있어야 유지되는 것이지, 아까워하며 물건 몇 개 버린다고 (조만간 새 거 또 사게 될 뿐) 오래 가기 어렵다.

또한 인터넷에 미니멀리즘을 검색하면, 물건 욕심을 참아서 돈을 아껴보겠다는 글들이 보이는데, 내 경험상 물건 갯수가 줄어들면 단가가 높아지게 마련이라 결국 구매 총액은 도긴 개긴이다.

백 원짜리 연필 열 자루 갖고 다니던 애가, 오늘부터 한 자루로 줄이겠다 결심하고 문방구에 들어가면, 앞으로 들고 다닐 그 한 자루로 천 원짜리를 장만하게 되는 것이다.

적합한 업무 환경이란 자신이 가장 편안함을 느끼는 환경과 크게 다르지 않을 것이다. 각자가 편안해 하는 조건은 모두 다르며, 넘치는 물건들 속에서도 자기만 아는 질서로 인해 평안에 이를 수 있다면, 미니멀리즘이 다 무슨 의미일까?

FLEX~

[응용]
동거인도 재택근무한다면

같은 방에 사는 두 명이 모두 재택근무 중이며, 둘의 회의 시간이 겹치기라도 한다면? 어느 한쪽의 양보가 필요한 경우가 있다. 인근 1인 스터디실 사용은 어떨까? 평소 각자의 아웃룩 캘린더를 공유하고, 최소한 본인이 소집하는 미팅에 있어서는, 선호시간대를 사전에 조율하는 방안도 있겠다.

방론이나, 두 명이 동시에 재택근무를 하게 되면 한쪽의 가사 부담이 커질 수 있다. 혼자였다면 점심만이라도 편히 했을 것을, 두 사람이다 보니 식사 준비와 후처리를 도맡을 가능성이 있고, 이는 그 한쪽의 오후 근무에도 영향을 주게 된다.

어느 누구도 지치지 않도록, 함께 일하는 동안에는 서로를 더 배려하자. 가장 멀리 가는 법은 함께 가는 것이라 하지 않았나? 슬기로운 재택 생활의 또 다른 방도다.

오래 걷자

재택근무자는
메신저 불빛으로 말한다

출근을 하던 시절에는, 사무실 복도나 엘리베이터 등지에서
종종 다른 부서 직원에게 평소 궁금하던 (그러나 이메일이나
미팅까지는 거추장스러운) 것들을 물어보곤 했다. 물론 역으로
나도 그 이상의 질문을 받을 수 있음은… 백오피스의 숙명으
로 받아들이자.

　재택근무 기간 동안에는, 이런 가벼운 질문들이 메신저를
통해 오가게 된다. 싱거운 내용부터, 메일로 기록을 남겨두어
야 할 듯한 사안까지, 주제도 다양하다.

　메신저 대화의 첫 단계는, 지금이 상대에게 말을 걸어도
될 타이밍인지 판단함에 있다.

　재택근무 기간에는 서로의 모습을 볼 수가 없으니, 메신저
불빛을 통해 그 상태를 짐작해보게 된다.

질문을 피하는 프로의 비법

실제 그의 질문 노트 안쪽을 본 사람은
아무도 없다고 한다…

● 초록불 (온라인) : "그냥 말 걸어라"

● 빨간불 (다른 용무 중) : "지금 바쁘니까 나중에 물어봐라" 하지만 보는 입장에 따라서는 "지금 컴퓨터 켜 놓고 잠시 자리 비웠으니, 당장 답이 없더라도 그러려니 해라"로 오인될 수 있음

● 빨간불에 흰 작대기 (방해 금지) : 기술적으로 말이 걸어지지도 않을 뿐더러, 걸더라도 사회적 물의를 일으킬 수 있는 점에 유의

방해 금지일 땐 메신저 금지…

물론 메신저 상태를 맹신할 필요는 없다.

나 역시, 출근일에 어느 직원에게 메신저로 급히 확인할 사항이 있었지만, 그의 메신저 상태가 '방해 금지'였던지라 불빛이 다시 초록으로 돌아오길 기다렸던 경험이 있다. 그러나 돌아보니, 방해 금지의 주인공인 그이가 바로 지척에 앉아 한가로이 (이런 것은 꼭 티가 난다) 마우스를 딸깍대고 있는 것이 아닌가.

지나치게 한쪽으로
기울어진 목

3분 이상 타이핑 안 치고
마우스만 딸깍대는 소리

이건… 노는 게 분명하다…
나 자신의 경험으로 말한다

이윽고 "혹시 바쁘냐?"는 내 물음에, 그는 힘차게 고개를 저었다. 그의 '방해 금지'란, 혹시 휴식을 방해하지 말란 뜻이었을까.

초록색 메신저 불빛을 확인하고 말을 걸었는데, 몇 시간 지나 답변을 받은 적도 있다. 상대방은 9 to 6 독야청청 초록색인 타입이었는데, 여러모로 미심쩍다.

아니 이 인간은
화장실도 안 가나?

주식하는 거야?
나도 같이 해

특히 재택 짬이 차면서 상호 불신은 깊어지기 마련이다. 사우들 간의 메신저 불빛에 대한 신뢰를 회복하기 위한 방안은 무엇일까?

꺼진 메신저 불
다시 보자

바로 내 불빛부터 관리하는 것이다. 약속된 시간 동안 가급적 초록색을 유지하고, 초록색인 동안에 누가 부르면 대답은 할 수 있도록 하자.

재택근무기간에는 메신저 상태에 생각보다 많은 주의를 기울여야 한다. 사무실에서는 잠시 자리를 비워도 '어차피 출근한 사람'임에 변함 없지만, 재택근무 시에는 다르다.

재택근무자는 출·퇴근 여부를 메신저로 표시하며, 다른 직원들에게도 '지금이 대화를 틀 적절한 타이밍인지'를 알리는 수단이 된다.

하지만 당일에 반드시 처리해야 할 긴급하거나 중요한 업무가 있다면, 잠시 동안만이라도 자체적인 방해 금지 시간 설정이 반드시 필요하다.

회의에서 프레젠테이션 중이라거나, 모니터 공유 중이 아니더라도, 방해받지 말아야 할 최소한의 업무 시간은 스스로 보장해야 하기 때문이다.

질문 잠시 기다려줘…

도대체 그의 질문 노트에는 무슨 내용이…

이러한 장치 없이 하루 종일 메신저를 실시간 응대하게 되면, 일의 흐름이 끊기게 되고, 그 결과 납기를 맞추지 못할 수 있으며, 그 책임은 나 아닌 누구도 대신 져주지 않는다.

그뿐일까? 실제 업무 상황이 내 메신저 상태와 일치하지 않으면, 다른 직원에게도 잘못된 신호를 주게 되고, 문의한 상대방 역시 기대하던 시간 내 답변을 받지 못해 답답할 수 있다.

재택근무자는 메신저 불빛으로 생각보다 많은 것을 말한다.

진화는
계속된다

회사는 왜 재택근무를 싫어할까? 직원들 일하는 모습을 직접 볼 수 없어서다. 근태를 확인하려면 직원의 스카이프나 팀즈 메신저 상태나 답변 리드타임 정도 참고할 수는 있겠지만…

회사원은 영리하다. 보다 정확히는, 각자 당면한 근로 환경에 최적화로 진화된 종족이며, 이 진화는 지금 이 순간도 현재진행형이다.

진화의 유형은 다양하다.

24시간 온라인인 당신은 대체…

● 노트북에 마우스지글러(마우스를 자동으로 움직이는 프로그램)를 설치하는 IT형

● 휴대폰 테더링해서 노트북을 아예 지고 다니는 보부상형

● 마우스에 끈을 달아 침대에서 조종하는 원시인형

● 유튜브를 켜놓아 화면의 유휴 상태를 방지하는 동시에 메신저 상태변경시간을 조정하는 하이브리드형 등.

또한 메신저 질의에 적정시간 내 답변하려면, 어떤 유형이건 메신저와 휴대폰 간의 연동은 반드시 수반되어야 한다(고 한다).

나로 말할 것 같으면, 회사가 언제든 근로자의 노트북 조작 여부를 모니터링할 수 있다는 망상에 시달리는 음모론자형에 속하여, 아쉽게도 이러한 진화의 물결에 힘껏 발맞추지 못하는 상황이다.

　어쨌든 이러한 근로자의 진화 과정을 회사도 알고, 관리자도 안다. 지금 이 시간 우리의 관리자 역시 우리처럼 진화의 충동을 간신히 억제하고 있는지도 모른다.

　그렇다면 재택근무에 따른 이 진화의 여정 속에 우리에게 필요한 것은 무엇인가(다음 장으로…).

누가 물어봐 준다면 내 취향은 원시인형…

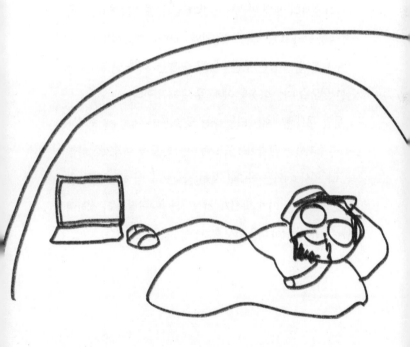

일하는
티 내기

묵묵히 일하다 보면 언젠가 주변에서 저절로 알아준다는 권선징악형 판타지는, 냉혹한 직장인의 세계에 해당 사항 없다.

노트북 앞에 앉은 모습을 보일 수 없는 재택근무자는, 출근한 뒷모습 대신 아웃룩 이메일로 말해야 한다.

동양 문화권에서는 티를 내는 일, 이른바 '쇼잉'에 주저하거나, 주저하는 모습이라도 내보이는 태도를 미덕으로 삼는다. 나 역시 예외는 아니며, 특히 남들보다 더 하는 일도 없이 쇼잉 하나는 기가 막히게 하는 직원을 '광팔이'라 칭하며 미워한 바 있다(이 미움 역시 현재진행형임을 고백한다).

그러나 내가 따르는 선배 말이,

● 빨리 하면 쉬운 줄 알고

● 빨리 하면 일이나 더 받는다고 했다.

즉, 내가 내놓으려는 퀄리티에 따라 적정한 리드 타임을 계산하고, 그보다 더 빨리 끝냈다 하더라도, 해당 리드 타임이 충분히 지난 다음에야 '헐떡이는' 모습으로 작업물을 내놓아야 한다는 게 조언의 요지이다.

[일 받고 3개월 후]

다시 말하지만 스피드를 중시하는 내 입장에서는(14쪽 참고) 처음엔 좀 아연한 이야기였다. 그러나 일 끝냈다고 새로운 과제를 두 손 가득 받고 난 뒤, 여태껏 이유 없이 헐떡대는 '광팔이'의 모습을 보노라면, 선배의 조언을 가슴에 문신처럼 새기게 된다.

사실 관리자 입장도 이해 못할 건 아니다. 직원들 모습은 보이지 않고, 그저 아웃룩 수신함 속 메일로만 근황을 짐작하는 와중에, 누군가 당장 쥐고 있는 업무 없이 노는 것 같다, 근데 만약 또 할 일이 생긴다면, 누가 그 일을 맡아주지?

바로 여러분….

재택근무 시 유독 심해질 수 밖에 없는 이 억울한 상황에 당면하여, 일한 만큼 티를 내고, 티 내는 것 같지 않게 쇼잉하는 방법은 과연 무엇일까.

사실 나도 모른다. 하지만 나는 '광팔이'가 참고 답안이 될 수 있다고 생각한다. 그가 미웠던 진짜 이유는, 실제로 그가 광을 프로페셔널하게 잘 팔 뿐더러, 실제 업무량이 쇼잉의 정도를 상회하는 일이 없도록 세심히 조절할 줄 아는 탁월한 컨트롤 능력 때문이다. 고백건대 이 감정은 미움보다 부러움에 가까울지 모른다.

헐떡헐떡

XX같은데 멋있어…

재택근무 프로토콜
(2) 쇼잉의 정석

리쓴

● 원칙적으로는 자기 본연의 업무만 한다. 공통업무가 생긴다면 해당 업무가 쇼잉에 도움이 될 것인지 빠르게 파악하여 자신의 담당 여부를 알린다.

● 담당하고자 할 경우, 먼저 제안하기보다 타인의 권유에 응하는 방식을 택하여, 나대는 건 아니라는 이미지까지 잘 챙겨둔다.

● 담당 의사를 자발적으로 표현하는 일이 반복되면, 모두가 선호하지 않는 공통업무 발생 시, 남들이 자신만 바라보는 일이 발생할 수 있음에 유념한다.

● 혹시 《레버리지》라는 서적을 아는가? 담당자란에 본인 성명 쓰고 유관부서 미팅에도 혼자 헐떡대며 참석하지만, 실제 업무 중 아래 내릴 수 있는 것은 눈치껏 최대한 내린다.

● 기한이 있다면 끝까지 쓴다. 가령 6개월 후 8월 10일까지 줘야 한다면, 8월 11일 새벽에 보낸다. 6개월 내내 고생했다는 인상을 챙길 수 있고, 새벽에 온 메일은 일단 뭔가 급하고 중요한 업무 같아 보인다. 다만 매번 그러면 약빨이 떨어지니 눈치껏 빈도를 조절한다.

● 관리자가 수고했다고 할 때 손사래 치지 말라. "그간 힘들었으나 말을 아꼈고, 어쨌든 잘 끝났으니 그걸로 되었다"는 인상을 묵시적으로, 그러나 확실히 전달해 둔다.

● 이 모든 과정을 일 년 중 한 번은 거쳐야 한다면, 인사 평가 시즌인 4사분기에 하도록 한다. 일처리가 늦으면 일을 많이

안 받을 수 있는 대신, 반대 급부로 쇼잉할 기회가 줄어들 수 있다. 따라서 반드시 매년 3사분기부터는 팀업무 모니터링을 진행하다 3사분기 말 내지 4사분기 초에 기회를 잡는다.

이상 꿀팁 준다

사실 쓰기만 해도 얄미움에 가슴이 뜨거워진다. 이럴 바에야 그깟 쇼잉 안 하고 말겠는가? 그런 생각이 들면 지는 거다. '광팔이'들에게 지지 말자.

졌잘싸···

회사 빌런
피하기

디즈니 영화 뿐만 아니라 회사에도 빌런은 있다. 앞서 말한 '광팔이'에서부터, 소위 물음표살인마라 일컬어지는 '질문난사형'을 지나, 조금만 검색해봐도 알 수 있는 내용을 굳이 남에게 넘기고야 마는 '핑거프린세스'까지. 이토록 다양한 유형의 빌런을 두루 경험하고 나면, 여지없이 안나 카레니나의 첫 문장이 떠오른다.

"행복한 회사원은 모두 비슷한 이유로 행복하지만, 불행한 회사원은 저마다의 이유로 불행하다."

빌런은 각자의 스킬을 십분 활용하여, 주변인에게 이 '저마다의 이유'를 부여한다.

재택근무를 하면 다른 직원들과 대면할 기회가 줄어들게 되는데, 여기에도 장단은 있다. 먼저 회사 친구(소위 work bestie)와 소원해질 수 있지만, 대신 빌런을 최소한 '대면'할 스트레스만큼은 줄어드는 것이다.

회사 친구는
왜 필요한가?

우리가 외롭고, 억울하기 때문이다.

재택근무 기간, 아무리 내 집에 있어도 우리는 조직원으로서의 본능으로 늘 '연결'되고 싶다.

조직 개편 발표 전, 남들 다 메신저에서 삼삼오오 떠드는데 나만 말할 데가 없거나, 블라인드에서 무슨 일이 났네 안 났네 난리가 났는데, 이니셜을 눈앞에 두고도 까막눈이 될 때면, 어쩔 수 없는 외로움이 엄습하는 이유다.

그 밖에, 자기 본연의 업무 외 공통 업무에는 손 까딱 안 하거나, 심지어 자기 업무도 공통 업무로 포장하여 슬쩍 떠넘기는 얌체 동료를 맞닥뜨릴 때, 아무도 몰라주는 이 억울한 마음을 대체 어쩔까.

공식적으로 이의제기한다든지, 여러 견해가 있을 수 있겠지만, 당초 이런 정성적인 문제에 별다른 해결책이 있을지에 대해, 나는 다소 회의적인 편이다. 내 경험상 가장 즉각적인 해소 방법은, 그 즉시 수화기를 들어 회사 친구와 뒷담화를 나누는 것.

회사 친구와 신세한탄 한바탕하고, 응원 버프를 받아, 다음번에는 얌체 동료를 강한 눈빛으로 제압해보면 어떨지.

물론 뒷담화란 상호간의 리스크테이킹이다. 하지만 자고로 리스크 없이는 리턴도 없는 법.

방금 한 말은 비밀로 할 것을 피의 맹세

뒷담화는
얼굴 보고

출근과 재택근무 하이브리드 기간에는, 출근일에 유난히 점심이나 커피 약속이 많아진다.

업무량은 동일하고, 사내 빌런 역시 여전하며, 그로 인한 스트레스도 변함 없는데, 다만 이를 토로할 창구는 줄어들기 때문에, 출근일에는 삼삼오오 모여 그간 각자 모아둔 썰들을 풀어보는 것이다. 이런 만남은 대개 즉흥적으로 이루어지고, 나눈 이야기들도 금새 휘발된다.

반면 재택근무 기간의 주된 가십 창구는 메신저다. 직접 만났더라면 편히 했을 말들도, 활자로 남기자니 마음이 편치 않아 아무래도 표현을 고르게 된다.

만일 만화에서처럼 자신이 뱉은 말들이 눈 앞에 둥둥 뜨게 된다면, 세상은 좀 더 아름다운 곳이 되지 않을까?

내 속은 문드러지겠지

어쨌든 뒷담화는
얼굴 보고 하자

　또한 각자 집에 있으니, 함께 나눴던 말의 여운이 더 길게 느껴진다. 내 말이 상대방 안에 잠시나마 자리할 것을 생각하며, 재택 기간에는 긍정적인 말을 조금 더 해보려고 한다.

안부 묻기

재택근무가 장기화되면서 마치 프리랜서가 된 듯 소속감이 희미해질 때가 있다. 특히 다른 직원들의 존재가 실감이 나지 않아 인공지능처럼 보이기도 한다.

특히 내가 소속된 부서의 경우, 업무 특성상 다른 부서와의 커뮤니케이션 비중이 높지 않아 이를 더욱 실감하고 있는지 모른다.

하지만 우리가 회사를 다니는 이유는 — 물론 돈도 돈이지만 — 사우들끼리 만수산 드렁칡처럼 연결되어 있다는 소속감과 그 안에서 느끼는 자신의 사회적 효용감 때문이 아닐까?

가끔은 별다른 용건 없더라도 서로의 안부를 묻자. 다음 미팅 때는 카메라를 켜보는 것도 좋겠다(바로 그날이 머리 감는 날).

빌런은 늘 안녕하다

적정한 회사 친구
수는 몇인가?

그렇다면 회사 내 적정한 친구(혹은 가까운 지인) 수는 몇일
까? 몇 가지 고려 요소가 있을 것이다.

① 만일 본인에게 '친구라면 반드시 한 달에 한 번은 점심을
먹어야 한다'든가 등의 기준이 있고

② 한달 중 만남에 할애 가능한 점심 횟수가 어느 정도 정해
져 있으며

③ 특정 친구(베프)에게 할당하여야 할 점심횟수가 있거나,
또는 MBTI가 I라서 가끔은 혼자만의 시간이 필요하다면

아래와 같은 계산이 가능하다.

재택과 출근의 하이브리드 형태를 가정, ①이 월 1회, ②가

월 8회, ③이 월 3회라 할 때

(8-3)/1 = 5, 당신의 적정 친구수는 다섯명이다.

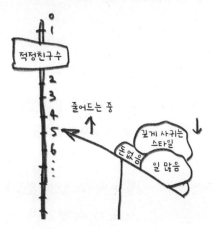

재택근무에 맞추어 당신 친구의 기준(=①)이 바뀌지 않는 한, 이 기간 동안에는 위 ②와 함께 분자가 감소하고, 따라서 적정 친구수도 줄어들게 된다. 이에 더해, 자주 만나 긴밀한 우정을 도모하는 스타일이거나, 우정에 투입할 시간 자체가 부족한 경우라면 역시 숫자가 줄게 마련.

생각보다 적은가? 그러나 이를 넘어서면 피로해질 수 있다. 외로운 것이 피로한 것보다 낫지 않은가?

[응용]
빌런이 좋아지려 할 때

회사 친구와 피의 맹세를 나누며 힘을 합쳐 미워했던 빌런. 그런데 은근히 츤데레인 것이, 계속 보다보니 좀 좋아질 것 같기도…?

세상에는 각자의 상황과 맥락과 입장이 있을 뿐, 좋은 사람 나쁜 사람이 따로 있으랴. 자신이 맺고 있는 여러 관계에서 판단하면 좋겠다.

본인 입장이 일관되고, 직면한 상황이 단순할수록 삶은 편해진다. 그가 좋아질 것 같더라도, 당신의 다른 부분(=다른 회사 친구)과 양립할 수 없다면, INTJ인 내가 보기엔 굳이 입장을 번복할 실익이 없는 사안이다.

혹여 마음이 도무지 억제가 안 된다면… 당신이 그를 처음에 싫어하게 된 건 다 그만한 이유가 있어서라 정신승리 해보자. 그것이 당신이 수십 년 인생에 걸쳐 쌓은 직관이자 빅데이터의 산출이기도 하니까.

사랑했다…

아무도 몰라줘도
외모 가꾸기

재택근무를 시작하고 맞이한 커다란 변화 중에는 (l) 미용실 가는 주기가 현저히 줄었다는 것 (2) 피부과 아예 안 가게 된 것 (마스크 착용 초기에는 피부과 시술의 적기라 여겼지만, 이제는 모든 것을 내려놓았다) 정도가 있겠다.

특히 나 같은 염색머리는 정기적인 뿌염이 필수적인데, 그 빈도가 점점 줄면서, 모발에 색깔 층이 지고 있다.

또한 계절이 바뀌면 으레 옷구경을 하게 되는데, 딱히 입고 갈 데도, 보일 사람도 없다는 이유로 쇼핑을 등한시하게 된다.

그래서인지 재택근무 기간에 거울이라도 볼 때면, "요새 자외선도 쬘 일이 없는데 왜 이리 늙어버렸나…" 하는 상념에 빠지곤 한다.

혼자 지내는 시간은, 나 자신과 함께 하는 시간과 다름
없다. 남을 대접하듯 스스로 대접해야 한다는 생각을 해보며,
예전처럼 뿌염이라도 열심히 하겠다는 다짐을 한다.

무인도에 홀로 갇혀 나뭇잎만 뒤집어 쓰고 살지라도, 이
왕이면 예쁜 나뭇잎을 골라야 하지 않겠는가? 다름 아닌 나
자신을 위해서 말이다.

이 근방 패셔니스타
나야 나

섬에 딱 한 장 남은 나뭇잎

혹,
자식이 있는가?

재택근무의 단점으로 "육아와 병행이 어렵다"는 점을 드는 사람을 나는 이해할 수 없었다. 그럼 출근하던 때엔 육아와 병행이 쉬웠다는 말인가?

　오래 지나지 않아 그 의미를 알 수 있었는데, 재택근무 기간에는 주변에 도움을 청하기 어려워진다는 뜻이었다. "너도 집에 있으면서, 네가 엄마인데 애 좀 봐" 등의 답변을 받거나, 그렇지 않더라도 도움을 요청하기에는 왠지 면구스러워지는 것이다.

아이와의 관계 측면에서는 더없이 바람직하겠으나, 남의 돈 받고 알하는 근로자 입장에서 다소 곤란할 수 있는 것이, 아이에게도 엄마의 돌봄이 디폴트로 인식될 수 있기 때문이다.

재택근무 삼년차에 접어들 무렵, 컴퓨터 자판을 두드리는 데 아이가 물었다. "내일 나 데리러 올 거지?" 엄마 내일은 출근한다고 하자 아이가 의아해한다.

"엄마 직장 다녔어?"

내가 왜 자꾸 자판을
두드린다고 생각하니…
심심해서는 아니야…

혹자가 말하길, 양가 어머님께 도움을 기대하기 힘들거나, 이모님 구할 경제력이 뒷받침되지 않는 한, 여성 직장인은 직장 또는 출산을 포기하는 게 차라리 합리적인 선택이라 하는데, 영 없는 소리는 아닌 듯…

어쨌든 재택근무가 장기화될수록, 가족 모두 당신의 새로운 근로 환경에 적응이 필요하다. 우선 본인이 근무 시간 동안 할 수 있는 것과 할 수 없는 것들 사이에 명확한 선을 그어보자.

가내 선 긋기

단점: 나도 못 나감

화상 회의를 할 때마다 아이가 들어와서 구경한다. 내가 말할 차례에 같이 말도 한다. 재택근무 기간 동안 업무와 육아를 분리할 방안이 있을까?

사실 이 문제에 그럴싸한 답이 없지만, 일단 최대한 적극적으로 주변에 도움을 요청하면 좋겠다. 또한 아이뿐만 아니라 집안 사람들에게, '본인을 여기 없는 사람으로 알아야 할' 시간대를 설정하고, 이 시간대에는 방문에 통행 금지 푯말을 붙이든 (실제 내 지인 사례다) 필요한 방법을 취하면 어떨지.

먼저
나를 위로할 것

의외로 재택근무는 우울해지기 딱 적당한 환경이다. 일단 바깥출입이 현저히 줄어든다. 점심시간에 간단히 누군가를 만날 수도 있겠지만, 혹여 감염병 확진 판정받고 동선 공개됐을 때 "쟤는 실컷 재택시켜 놨더니 싸돌아 다니다 병이나 걸렸네" 소리 들을까 봐 쉽사리 엄두를 못 낸다.

집구석에서 먹고 자고 일하다 또 먹고 자기를 반복하다 보면 마치 거대한 햄스터가 된 기분이다. 방구석에 쳇바퀴는 없지만, 이럴 때 뒤적여보는 것이 나의 '취미 상자'이다.

취미란 무엇일까? 뭔가를 했을 때 내 기분이 좋아진다면, 그게 바로 취미가 아닌가 한다. 문득 내가 우울해지려 한다면 제일 먼저 나를 달래자. 무릇 아플 것 같을 때 미리 쉬어줘야 아프지 않은 것처럼, 우울해질 것 같을 때 나를 위로해야 견딜 만큼만 우울할 수 있다.

나는 INTJ 치고는 남들 먹고사는 일에 관심이 많은 편이라, 특히 새롭게 접하는 직업인들에게 자주 마음을 뺏긴다.

도서관 사서, 경찰관, 책방 주인, 번역가와 에디터에게는 어떤 직업적 고민이 있을까. 이러한 궁금증을 해결할 가장 손쉬운 방법은, 아무래도 책이다.

요리사   택배 기사   목수

지리멸렬한 날엔 공포영화나 추리소설을 본다. 희로애락은 생각보다 잦게 오는데, 내 경우, 살면서 가장 희박하게 겪는 감정은 다름 아닌 '무서움'이다. 골목에서 연쇄살인범에게 쫓기는 류의 두려움은 아마도 일생에 한 번 있을까 말까 아닐까? 그걸 느끼는 날이 생애 마지막일 테니.

어쨌든 영화나 소설 속에서라면, 그런 희귀한 경험을 통해 골목길 속 주인공에 과몰입하여 '죽기만은 죽기보다 싫어하게' 된다. 이윽고 이야기가 끝난 뒤 찾아오는 안전감이란… 당연했던 것들이 당연히도, 갑자기 고마워진다.

쉬는 날에는 승마를 하는 편인데, 놀라운 점은, 가끔 말이 꼭 사람 같다는 것이다.

타는 사람이 어설픈 면모를 보이거나, 단호하지 못하고, 일관되지 않은 모습을 보이면, 말에게 주도권을 빼앗기게 되기 십상이다. 한마디로 말이 말을 안 듣게 되는데, 말이 귀엽거나 무섭다는 이유로 비위만 계속 맞추다 보면, 결과적으로 사람에게 위험한 상황이 초래될 수 있다. 노련한 코치가 개입해도 그때뿐, 말은 말대로 눈치껏 기승자를 계속 무시한다.

이런 말의 태도에 어느 직장인을 대입해도 이상하지 않다. 실력과 경험이 부족하고, 우유부단한 데다, 예측하기도 힘든 직원이라면, 누구에게나 빌런 1순위 아닐까?

탈 때마다 숙연해진다.

내가 미안하다···

목숨으로 갚아라

데헷

살다보면 더러는 '문을 열고' 나가고 싶은 날도 온다. 평소라면 일상에 문을 뚫어 여행이라도 다녀왔겠지만 요즘 같아서는 얘기가 다르다.

해외여행에 비할 수는 없겠지만, 이럴 때 취미상자에서 꺼내들 만한 것이 외국어 공부다. 나는 지금까지 학원 등록해서 찌끌인 외국어만 대여섯 개 되는 것 같다. 대다수는 초급을 벗어나지 못했지만, 확실히 기분 전환이 된다. 한 가지 당부할 점은, 먹고사는 데 도움 안 되는 언어를 고를수록 좋다는 것. 원래 취미란 게, 쓸 데가 없어야 재미있다.

당신의 취미 상자에는 무엇이 있을까? 방구석에 틀어박혀 비타민D 부족으로 얼굴 누렇게 뜨기 십상인 우울한 일상이지만, 상자 속에 차곡차곡 담긴 그것들이 당신에게 위로가 되면 좋겠다.

누리끼리   여기… 사람이 있다

[응용]
취미 상자 채우기

내가 잘 할 수 있는 것보다, 좋아하는 것을 알기 더 어렵다는 생각을 해본 적 있다. 스스로에 대해 알 만큼 안다고 (좀 필요 이상으로) 자부하는 타입임에도 말이다.

취미 상자가 텅 빈 것 같거나 도무지 뭘 넣어야 좋을지 모를 경우라면, 요즘 성행하는 원데이클래스부터 시작해 봄이 어떨까? 못 고르겠다면 지금 당장 인터넷에 원데이클래스 검색 후 제일 위에 뜨는 것을 해보자.

참고로 현재 네X버 기준
도자기 클래스 당첨

마켓컬리와 쿠팡이츠의
길항 관계

그러나 뭐니뭐니 해도 재택근무의 꽃은 다름 아닌 배달 음식이나 식자재에 있다. 가장 즉각적으로 활력을 회복시키는 것이 음식이 아니고서야 뭘까?

재택근무 기간에는 소비패턴이 변한다. 택시료와 커피값이 줄고, 재활용박스에는 마켓컬리와 쿠팡이츠 포장이 쌓인다.

내게 마켓컬리와 쿠팡이츠는 모종의 길항 관계에 있다. 배달 음식에 지쳐 이젠 집에서 만들어 먹겠노라 결연한 의지

좀 해먹고 살 만할 때   일 많고 만사 귀찮을 때

를 다지는 밤이면 마켓컬리를 주문하고, 먹고 사는 일이 귀찮아질 무렵엔 쿠팡이츠를 이용한다.

해당 시기의 업무 강도도 선택에 영향을 미친다. 오전 내내 자비 없는 미팅 릴레이를 끝낸 뒤 맞이한 점심시간. 1시부터는 다시 오후 미팅 시작이다.

부엌에 가서 채소 다듬고 육수부터 내야 할까? 솔직히 어디 그냥 일단 좀 눕고 싶다. 내가 칼질하고 불을 때야만 뭐라도 먹을 수 있는 거라면, 차라리 굶고 쉬고 싶은 때가 없지 않다. 이럴 때는 (아침에 마켓컬리 배달 왔어도) 쿠팡이츠 낙점.

이래서 돈을 못 모은다.

휠휠

돈

잘 가라 은교야⋯

우리가 돈이 없지
식욕이 없냐

[응용]
뭘 만들어 먹을까

바쁘고 기력 딸리는 날은 어쩔 수 없지만, 재택근무를 하다 보면 자연히 요리에 관심이 생길 수밖에 없다. 집안에서 화장실 찾듯 일단 부엌을 자주 지나게 되고, 지나가다 보면, 가스 불이라도 한번 켜보고 싶어진다.

　나는 음식 취향이 확고한 편이라, 출근할 적에도 점심 메뉴가 늘 몇 가지로 수렴하였다. 이 몇 가지 메뉴 만드는 법을

차라리 사 먹는 게 나을 것 같아…

영수증

배워 두니 좋다. 최근 가장 자주 만들어 먹은 메뉴는 감자뇨끼인데, 만드는 횟수를 거듭할수록 감자 반죽과 소스에 넣을 각종 치즈와 외제 오일에 욕심이 생긴다.

집에서 뭐부터 만들어 먹어야 할지 모르겠다면, 평소 즐겨 먹던 점심 메뉴를 떠올려보자. 메뉴명 앞에 '백종원'을 집어넣고 네이버에 검색하면, 항상 관련 레시피가 뜬다. 재료를 주문하고, 레시피대로 몇 번 반복하다보면, "이 메뉴만큼은 내가 백종원보다 잘 만들겠다"는 망상도 들기 시작하는데… 사실 못할 것도 없지 않은가?

왕후장상에 씨앗이 따로 있나

이것이야말로
청출어람…

재택근무하면
돈을 덜 쓸까?

외출복 지출은 줄었다. 최근 글로버올 겨자색 자켓과 함께, 맞춰입을 겨자색 양털조끼도 장만했는데, 집에만 있느라 입을 일이 없어 고스란히 가정 재고가 되어가고 있다. 이러한 현상이 반복되면서 외출복 구매 심리가 상당히 위축되었다.

그렇다면 의복비 지출이 줄어드느냐? 그건 또 아니다. 어차피 집에 오래 있을 거 옷이나 좀 괜찮은 걸로 입고있자 싶어 홈웨어에 투자하게 되고, 그 밖에도 요즘 대세에 맞춰 나 자신을 아껴주느라 디퓨저, 바디로션 같은 것도 지체 없이 사들이게 되어, 결론적으로 도긴개긴이라 하겠다.

이것이 미타임(Me Time)인가

디퓨저　　　바디로션　　　홈웨어

무엇이
될 것인가

재택근무는 개인의 근로 주기 일부를 차지하는 잠정적 근로 형태로서, 언제든 변동되거나 다른 형태로 대체될 수 있다. 따라서 재택 여하를 떠나, 일의 본질과 근로자로서 아이덴티티, 일을 통해 무엇을 추구할 것인가에 대한 고민은 계속되어야 한다.

어린 시절 나는 어디서 무슨 일을 하든, 일 잘하고 예쁨 받고 성격도 좋은 사람이길 꿈꾸었다.

나이가 들면서는, 그저 함께 일해본 이들에게 '다시 한번 일해봐도 좋은' 동료로 남을 수 있다면 그것으로 충분하다.

생각보다 어려운 목표인 것이, 내 입장에서 당장 주변을 둘러봐도 '다시 한 번 일해보고 싶은' 직원 찾기가 쉽지 않기 때문이다. 물론 그냥 '일해보고 싶지' 않아서 인지도 모른다.

그 시절 내 꿈은 유니콘이었음을…

일요일 저녁 회사원은 우울하다고 한다. 월요일부터 한 주 근무의 시작이기 때문인데, 이렇듯 회사란, 월요일이 싫은 사람들끼리 모여 매주 월요일을 함께 보내는 곳이다.

반면 나는 유독 월요일에만 표정이 썩는 직원은 잘 못 본 것 같은데, 전날 저녁 각자 마음껏 우울해하다, 이내 가면을 집어 쓰고 마주한다고 생각하니 조금 쓸쓸해진다.

아니면 원래 한결같이 썩어 있던 것인가… 나만 해도 "왜 표정이 안 좋냐?"라는 누군가의 물음에 "이것은 표정이 아니라, 관상입니다"라고 대답한 적 있다.

그럼에도 나는 일이 주는 기쁨이 있다고 생각한다. 나와 내 가족과는 상관없는 일을 두고, 나와 내 가족이 아닌 누군가와 함께 그 일을 '되게' 만드는 것. 그 과정에서 개인의 객관적 효용성을 통해 신뢰와 평판을 쌓는 즐거움이 분명 있다고 믿는다.

우리는 혈연, 지연, 학연뿐만 아니라, 농담 코드가 맞는다든가, 딱 좋은 정도의 유쾌함을 가졌다는 이유로도 여러 관계를 맺지만, 유독 일을 통해 맺는 관계에는 특별한 구석이 있다. 나로 인해 누군가의 일요일 저녁이 조금 덜 우울할 수 있다면 참 좋겠다.

가장
좋은 것

재택근무를 해서 가장 좋았던 점은, 물리적으로 아이와 가까이 있을 수 있었던 것, 그래서 서로 더 친해진 것이었다(부모자식 간에도 친소는 분명 있다).

지난주에는 잠자리에서 아이가 묻는다.

"엄마, 언제 죽을 거야?"

"엄마는 거북이처럼 엄청 오래 살 거지."

"엄마 늙어서 이빨 빠지면 다 나 줘. 내가 전부 땅에 묻고서 이빨요정한테 소원 빌면, 엄마가 다시 생겨날 거야. (갑자기 울며) 근데 사실 이빨요정 없는데 어쩌지. 그냥 엄마, 안 죽으면 안 돼?"

"안 죽도록 노력해볼게."

"정크푸드 먹지 말고."

기분
좋을 것

뜬금 없는 질문이지만 산다는 게 뭘까? 내게 삶이란 살아있는 순간들의 조합이고, 이러한 생각 이후로 삶에 대해 더는 궁금한 것이 없어졌다.

어쩌다 내가 여기 이렇게 살아 남아, 사랑하는 사람들이 사는 모습을 보고, 기적처럼 같은 시절을 보내는 기쁨, 살아있는 일 자체에 삶의 정수가 있는 것 아닐까.

하여 매년 신정에는 같은 소원을 빈다. 기분 좋은 일 년이 될 것. '기분'이란, 긴 시간 단위보다는 찰나의 순간과 조응하는 단어다. 나는 기분 좋은 순간이 모여, 좋은 일 년과 좋은 삶이 될 것을 믿는다.

호기롭게 재택근무 가이드를 써놓았지만, 사실 우리가 일을 하고, 벌어먹고, 함께 엉켜 살아가는 일에 무슨 안내가 필요할까. 나는 다만 당신이 때로 좋고 싫고 편하고 또 귀찮은 상황을 지내면서도, 어디서든 늘 지금보다는 조금 더 나아지고 싶어할 때. 여기 꼭 당신처럼, '당장', '여기'에 진심인 또 한 사람이 있다는 것을 알려주고 싶었다.

　　당신이 재택근무자이건, 사실 재택근무자가 아님에도 어쩌다 보니 이걸 읽고 있을 뿐이건 간에, 내가 당부하고자 하는 바는 사실 단순하다.

　　살아 있는 동안 기분 좋을 것 혹은 기분 좋아지기를 원할 것. 그리하여 우리 같은 소원을 빌며 살다가, 어쩐지 영영 안 죽고 싶어지게 되어도 좋겠다.

나가며

아직까지 전염병 확산 추세가 심상치 않지만 이 모든 것이 머지않아 끝날 것을 믿는다. 재택근무 역시 축소될 것이 당연한 수순이지만, 이미 그 효율성을 경험한 회사들이, 종식 이후에도 계속해서 전면 혹은 부분 재택근무 시행을 고려하고 있다는 뉴스도 들려온다.

우리 회사 역시 포스트 코로나 근무환경에 대한 직원 설문

넌… 이런 거 아니었어?

흔한 동남아
회사원 이미지

땡모반   나시고렝

조사를 진행하고 있는데, 동남아에 파견나가 몹시 꿀을 빨고 있다고 알려진 한 직원조차도, 현지인들과 힘을 합쳐 재택근무 투표를 독려하느라, 그 어느 때보다 바쁘게 지낸다는 전언이다.

재택근무 도입/유지 필요성에 대한 인류의 공감대는 인종과 국경, MBTI를 초월하나 보다.

앞으로 언제까지 이어질지 모를 당신의 재택근무생활에, 이 책이 작은 공감과 웃음을 줄 수 있게 되기를 바라며….

이과장 드림

나 또한 누군가에겐 빌런일 수 있음을…

재택근무자를 위한 안내서

2022년 5월 9일 처음 펴냄

글·그림 이과장
펴 낸 이 김영호
펴 낸 곳 도서출판 동연
등   록 제1-1383호(1992년 6월 12일)
주   소 서울시 마포구 월드컵로 163-3
전   화 02-335-2630
팩   스 02-335-2640
이 메 일 h-4321@daum.net
블 로 그 https://blog.naver.com/dong-yeon-press

Copyright ⓒ 이과장, 2022
ISBN 978-89-6447-798-4 03180